AF262294

CATALOGUE

DES

OBJETS D'ART

ET D'AMEUBLEMENT

DU TEMPS DE LOUIS XV ET DE LOUIS XVI

FAIENCES DE ROUEN

OBJETS DE VITRINE — ÉVENTAILS — BIJOUX

Terres cuites de Clodion

Bronzes et Pendules

Meuble de Salon en ancienne tapisserie de Beauvais

Table-Bureau du temps de la Régence — Commode — Secrétaires

Encoignures, etc.

GOUACHES ET DESSINS

DES MAITRES FRANÇAIS DU XVIII° SIÈCLE

ESTAMPES

Composant la Collection de feu M. H. H. A. JOSSE

ET DONT LA VENTE AURA LIEU A PARIS

Galerie Georges Petit, 8, rue de Sèze

Les Lundi 28 et Mardi 29 Mai 1894

à deux heures

COMMISSAIRE-PRISEUR

Mᵉ LÉON TUAL

56, rue de la Victoire, 56

EXPERTS

Pour les Gouaches et Dessins	*Pour les Objets d'art*
M. E. FÉRAL	**M. CH. MANNHEIM**
54, Faubourg-Montmartre, 54	7, rue Saint-Georges, 7

Pour les Estampes

M. J. BOUILLON, 3, rue des Saints-Pères, 3

EXPOSITIONS

PARTICULIÈRE : *Le Samedi 26 Mai 1894, de 1 h. à 6 h.*

PUBLIQUE : *Le Dimanche 27 Mai 1894, de 1 h. à 6 h.*

CONDITIONS DE LA VENTE

Elle sera faite expressément au comptant.

Les acquéreurs paieront CINQ POUR CENT en sus du prix d'adjudication.

L'exposition mettant le public à même de se rendre compte de l'état des objets, aucune réclamation ne sera admise une fois l'adjudication prononcée.

Paris. — Imprimerie de l'Art, E. Moreau et Cie, 41, rue de la Victoire

GOUACHES ET DESSINS

DES MAITRES FRANÇAIS DU XVIIIe SIÈCLE

BAUDOUIN

(PIERRE-ANTOINE)

1 — *Le Confessionnal.*

Les paroissiennes se pressent nombreuses autour du confessionnal, les unes assises, les autres agenouillées et tenant leur livre de messe ou lisant leurs prières.

Deux jeunes gentilshommes arrivent mettant le trouble au milieu de tout ce monde. Le prêtre sort de son confessionnal en courroux sermonant les jeunes gens et les obligeant à s'éloigner.

Très belle gouache, pleine de vie, de mouvement et d'esprit.

Provenant des collections Galibert de Toulouse et Welles de Lavalette.

Haut., 25 cent.; larg., 37 cent.

BAUDOUIN

(PIERRE-ANTOINE)

2 — *Le Fruit de l'amour secret.*

La jeune mère, presque évanouie, est secourue par deux jeunes femmes, sa main tient encore le maillot de l'enfant que l'une d'elles emporte. Au second plan, un gentilhomme, vu de dos, penché sur une table.

Très belle gouache, d'un ton harmonieux.

Haut., 35 cent.; larg., 28 cent

BLARENBERGHE

(VAN)

3 — *Une Rixe chez Ramponneau.*

Le tumulte est grand devant le cabaret : deux soldats ont tiré l'épée et se mettent en garde.

Deux femmes, motif probable de la querelle, se battent également à leur façon.

Les habitués du cabaret s'écartent ou fuient effrayés. Les bancs placés autour des tables sont renversés ainsi que les buveurs qui y étaient assis.

Importante gouache pleine de mouvement.

Haut., 25 cent.; larg., 38 cent.

BOREL

4 — *Le Séducteur.*

Une jeune fille, debout dans un jardin, le bras appuyé sur un piédestal surmonté d'une statue de l'Amour, subit en pleurs les réprimandes de sa mère. Un jeune homme se cache dans la pénombre derrière la statue.

Aquarelle gouachée.

Haut., 26 cent.; larg., 20 cent.

BOREL

5 — *L'Amoureux pressant.*

Dans l'intérieur d'un élégant boudoir du temps de Louis XVI, un jeune homme courtise une jeune femme vêtue d'une robe blanche décolletée et coiffée d'un chapeau de paille à large bord.

Aquarelle gouachée.

Haut., 27 cent.; larg., 22 cent.

BOUCHER

(Attribué à F.)

6 — *Psyché.*

La jeune déesse est à l'entrée d'un palais en-
chanté. Un génie qui la guide la conduit devant un
autel où se font des sacrifices. Deux petits amours
voltigent au-dessus d'elle en lui jetant des fleurs.

Des nymphes qui l'entourent chantent et jouent
de divers instruments.

A droite, une vue sur un parc où l'on aperçoit des
fontaines.

Gracieuse et fine gouache, d'une étonnante fraîcheur.

Provenant de la collection de San Donato.

Haut., 20 cent.; larg., 33 cent.

CARESME

7 — *Bacchanale.*

Trois bacchantes luttent contre un satyre qui
cherche à leur enlever un vase contenant du vin;
l'une d'elles est étendue sur le sol tenant le vase
dont elle ne veut pas se dessaisir, une autre tient
une coupe, la troisième tenant le satyre par les
cornes cherche à l'éloigner.

Des fruits, un thyrse et un tambour de basque sont
jetés à terre.

Belle gouache signée et datée.

Gravée par Janinet.

Haut., 25 cent.; larg., 37 cent.

COCHIN

(CH. NICOLAS)

8 — *M*^{me} *de Pompadour jouant* Acis et Galatée *sur le théâtre des petits appartements, à Versailles.*

Cette précieuse gouache, qui a fait partie de la collection du comte de la Béraudière, a été reproduite en couleur dans le volume de MM. de Goncourt, *Madame de Pompadour*.

MM. de Goncourt la décrivent ainsi qu'il suit dans leur intéressant ouvrage :

— Oui, une aquarelle gouachée de Cochin, que nous avons eu la bonne fortune de rencontrer chez M. de la Béraudière, va nous faire assister au troisième acte de la pastorale héroïque d'Acis et Galatée au moment ou Polyphème du haut de son rocher s'écrie :

— Tu mourras, téméraire, et Jupiter lui-même ne saurait dérober ta tête à mon courroux. Et voici le théâtre et la salle et le brillant parterre et l'illustre orchestre où le prince de Dombes, le Saint-Esprit sur la poitrine, souffle dans un basson.

Le roi, en habit gris, a Marie Leczinska à sa droite, Marie Leczinska, reconnaissable à cette toilette de vieille femme qu'elle adopta toute jeune, a cette coiffure qu'on appelait un *papillon noir*.

Derrière la reine sont Mesdames les filles du roi ;

au second rang, à droite et à gauche, jusqu'aux deux bouts de la galerie, se tient assise ou debout, appuyée sur des cannes à bec-de-corbin, la fleur de l'aristocratie française.

La petite salle bleue et argent est charmante et digne d'être recréée par un architecte de ce temps. Sur les légers nuages d'un ciel d'été peint au plafond se détache une balustrade à l'italienne, dont les balustres dorés sont surmontés de distance en distance par des jeux d'enfants autour d'un vase chantourné. Au-dessous de l'entablement, d'élégantes consoles reposent sur des pilastres qui dessinent aux murs de grands panneaux étroits, ou sur une tenture bleue à arabesques d'argent se détachent de grands cartels dorés figurant des amours au milieu d'attributs. La galerie ornée de têtes et de masques en relief se renfle devant le roi en un balcon ventru d'un charmant rococo, des marbres de couleur égayent le pourtour du parterre et de l'orchestre.

Signé : C. N. Cochin filius inven. et pinxit.

Provient de la collection du comte de la Béraudière.

Haut., 14 cent.; larg., 38 cent.

EISEN

(CHARLES)

9 — *Deux frontispices.*

Formés de figures allégoriques accompagnées d'instruments guerriers et artistiques.

Dans le haut, les armes de France surmontées de la couronne royale.

Portant pour titre : État des Troupes et des États-Majors des places pour les années 1760 et 1766.

Deux aquarelles dans le même cadre.

Haut., 12 cent.; larg., 8 cent.

EISEN

(CHARLES)

10 — *Deux frontispices.*

Formés de figures et instruments guerriers surmontés d'armoiries. On lit sur les cartouches :

État des Troupes et des États-Majors des places, années 1777-1778.

Deux aquarelles dans le même cadre, signées : Ch. Eisen invenit et fecit.

Cadre. Haut., 12 cent.; larg., 8 cent.

FRAGONARD
(HONORÉ)

11 — *La Leçon de danse.*

Dans un salon élégant, autour d'une cheminée, plusieurs jeunes femmes assises causent en se chauffant. L'une d'elles fait faire l'exercice à un chien.

Au centre, un jeune homme, le maître de danse, a pris une jeune fille, son élève, par la taille et la fait sauter; les jupons soyeux de la jeune élève ballonnent autour de son corps.

Au second plan, un abbé, le bréviaire à la main, semble s'intéresser à la leçon.

Superbe dessin, à la sépia. On ne peut rêver plus spirituel et plus charmant de l'artiste.

Provient des collections Dreux et Camille Marcille.

Haut., 23 cent.; larg., 36 cent.

FRAGONARD
(HONORÉ)

12 — *Le Verrou.*

Ce dessin est le sujet connu et gravé de *Fragonard*, avec quelques variantes.

La jeune fille se jette vers la porte de la chambre, le jeune homme l'arrête et pousse le verrou. Un certain désordre règne dans l'intérieur; un fauteuil est renversé au plemier plan.

Très beau dessin à la sépia, signé en toutes lettres.

Provient de la vente Walferdin.

Haut., 24 cent.; larg., 36 cent.

FREUDEBERG

13 — *Le Bain.*

Dans une élégante chambre à coucher du temps de Louis XVI, avec lit à baldaquin, une jeune femme, assise dans sa baignoire, cause avec sa soubrette qui lui présente une tasse de bouillon.

Un petit chien court auprès d'elle

Très beau dessin à la sépia, pour l'Histoire du costume.

Haut., 27 cent.; larg., 22 cent.

FREUDEBERG

14 — *L'Occupation.*

Trois personnages réunis dans un salon du temps de Louis XVI.

Deux jeunes femmes : l'une, assise devant un métier à tapisserie, cause avec un jeune homme; sa compagne met des fleurs dans un vase placé sur un meuble.

Très beau dessin au bistre, le trait à la plume. Pour la suite de l'Histoire du costume.

Provient de la collection Mahérault.

Haut., 28 cent.; larg., 22 cent.

FREUDEBERG

15 — *La Visite inattendue.*

Deux personnages : un jeune homme et une jeune
fille ; cette dernière se dirige vers la porte du salon
et le jeune homme cherche à la retenir.

Un chien jappe auprès d'eux

Dessin à la sépia, signé et daté 1777.

Gravé par Voyez l'aîné, fait partie de la première
suite du costume.

Collection Mailand, n° 64 du catalogue.

Haut., 27 cent.; larg., 22 cent.

FREUDEBERG

16 — *La Soirée d'hiver.*

Trois personnages dans un salon élégant groupés
devant une cheminée:

Un jeune homme est debout tournant le dos au feu
et causant avec une jeune fille étendue dans un fauteuil. Une autre jeune fille, assise vers la droite,
caresse un chien et glisse pendant ce temps un billet
doux dans la main d'un jeune homme.

Beau dessin à la sépia, gravé par Ingouf et faisant
partie de la première suite du costume physique et
moral au XVIIIe siècle.

Collection Mailand, n° 65 du catalogue.

Haut., 27 cent.; larg., 22 cent.

FREUDEBERG

17 — *L'Événement au bal.*

Un jeune homme masqué s'est agenouillé devant
une jeune fille, lui faisant une déclaration pendant
qu'une de ses compagnes, cachée derrière elle, tend
la main au jeune homme qui va la baiser. Au second
plan, un groupe de personnages causant.

Beau dessin à la sépia faisant partie de la même
suite que le dessin précédent.

Haut., 28 cent.; larg., 22 cent.

FREUDEBERG

(Attribué à)

18 — *Les Mœurs du temps.*

Un jeune homme se penche vers une jeune femme
la prenant dans ses bras; à droite, une autre jeune
femme se présente à une porte, tenant un éventail et
les regardant avec surprise.
Aquarelle.

Haut., 28 cent.; larg., 22 cent.

GREUZE

(JEAN-BAPTISTE)

19 — *Le Paralytique.*

Dans un intérieur rustique, cinq enfants et leur mère entourent et font manger un vieillard paralytique étendu dans un fauteuil, les jambes raides, les pieds sur un tabouret. Le pauvre homme lève les yeux au ciel et semble rendre grâce à Dieu des soins touchants qui lui sont prodigués.

Superbe dessin pour le Tableau de Saint-Pétersbourg. Plume et lavis d'encre de Chine et de sépia.

Signé, en bas, à droite : *J. B. Greuze.*

Provient de la collection du comte de la Béraudière.

Haut., 44 cent.; larg., 53 cent.

HOIN

20 — *Le Rêve d'amour.*

Une jeune femme, représentée dans un parc, rêve les yeux à demi-clos. Des petits amours à l'air mutin voltigent auprès d'elle.

Aquarelle gouachée.

Haut., 25 cent.; larg., 19 cent.

LAVREINCE

(CH. NICOLAS)

21 — *Le Lever des ouvrières en modes.*

Ce sont neuf jeunes filles dans une chambre lambrissée ; plusieurs descendues de leur lit n'ont que leur premier vêtement ; l'une d'elles met ses bas en causant avec une de ses compagnes, une autre se coiffe, assise devant une table où elle a placé un miroir.

Un petit garçon vient de remettre un billet et attend la réponse.

Charmante et fine gouache signée à droite et datée 1783.

Gravée par Dequevauvillier.

Provient de la collection du baron d'Ivry.

Haut., 27 cent.; larg., 35 cent.

LAVREINCE

(CH. NICOLAS)

22 — *Le Coucher des ouvrières en modes.*

Dix jeunes filles sont la plupart en vêtement de nuit, laissant les épaules et les bras nus. Les unes, groupées au centre autour d'une table où elles ont posé la bougie, se font tirer les cartes par une de leurs compagnes, les autres causent, lisent un billet doux ou fouillent dans le tiroir d'une commode.

Très belle gouache signée à droite.

Gravée par Dequevauvillier.

Provient de la collection du baron d'Ivry.

Haut., 27 cent.; larg., 35 cent.

LAVREINCE

(CH. NICOLAS)

23 — *Les Apprêts du ballet.*

Huit ou dix jeunes femmes font leurs préparatifs; l'une d'elles se faisant coiffer, cause avec une amie; une autre quitte ses vêtements pour prendre le costume de danseuse pendant qu'une troisième fait lacer son corset; une autre encore, dans le fond, essaye un pas, etc.

Charmante composition pleine de mouvement.

(Collection du baron d'Ivry.)

Haut., 28 cent.; larg., 36 cent.

LAVREINCE

(CH. NICOLAS)

24 — *Le Remède.*

C'est l'intérieur d'une chambre à coucher.

Auprès d'un lit garni de rideaux de soie jaune la jeune femme se penche posant un genoux sur le coussin d'un fauteuil, la soubrette, en robe bleue, prépare l'instrument.

Très jolie gouache.

(Collection du duc de Choiseul.)

Haut., 23 cent.; larg., 19 cent.

LAVREINCE

(CH. NICOLAS)

25 — *Les Deux Indiscrets.*

Dans un intérieur du temps de Louis XVI, une jeune femme fait sa toilette en causant avec sa servante.

A gauche, un jeune homme se cache derrière un paravent.

Vers la droite, un fauteuil sur lequel est monté un petit épagneul.

Jolie gouache.

Haut., 20 cent.; larg., 16 cent.

LAVREINCE

(CH. NICOLAS)

26 — *Le Lever.*

Une jeune femme vient de descendre de son lit, elle s'habille aidée de sa servante.

Gouache.

Haut., 27 cent.; larg., 20 cent.

LEGUAY

(CH. ÉTIENNE)

27 — *Les Baigneuses.*

Dans un site frais et riant, des jeunes femmes se livrent au plaisir du bain. A gauche, une draperie est attachée aux arbres pour abriter du soleil les charmantes baigneuses ; elles quittent leurs élégantes toilettes pendant que leurs compagnes plus pressées prennent leurs ébats dans ùn cours d'eau qu'alimente une cascade.

Trois jeunes gens, montés au sommet d'un rocher et tenant leurs lorgnettes, les regardent.

Jolie gouache.

Haut., 26 cent.; larg., 35 cent.

LEGUAY

(CH. ÉTIENNE)

(Pendant du précédent)

28 — *Le Repas champêtre.*

Des jeunes gens, montés dans un bateau, font de la musique, ils abordent dans une prairie où des jeunes femmes dansent en rond en attendant le repas que les valets servent sur la droite.

Jolie gouache signée et datée 1784.

Haut., 26 cent.; larg., 35 cent.

MALLET

29 — *La Querelle.*

Un officier entre en courroux, et, tirant son épée, il menace un gentilhomme agenouillé auprès de sa femme et de son enfant.

Gouache.

Haut., 27 cent.; larg., 21 cent.

MOREAU
(LOUIS)

30 — *Les Dangers de l'escarpolette.*

La balançoire, entourée de guirlandes de fleurs, est placée dans un parc, attachée à deux arbres. La jeune fille, lancée dans l'espace, se penche effrayée vers un jeune homme pendant que le vent fait voltiger ses jupons de mousseline.

Gracieuse gouache, signée du monogramme.

Haut., 22 cent.; larg., 17 cent.

MOREAU
(LOUIS)

31 — *Le Jet d'eau.*

Il est placé au centre, se détachant sur un massif de verdure. Devant, une jeune femme tenant un chien en laisse et écoutant les propos galants d'un courtisan.

A gauche, un troisième personnage ramassant des fleurs.

Jolie gouache signée.

Haut., 22 cent.; larg., 18 cent.

PIERRE

32 — *Nymphe assise sur des nuages.*

Deux amours lui présentent un médaillon.
Dessus de porte.

Bois. Haut., 47 cent.; larg., 62 cent.

PORTAIL

33 — *A l'église.*

Quatre personnages : Devant, une jeune dame, vêtue d'une robe de soie et agenouillée sur une chaise, tient un livre ouvert; derrière elle, un gentilhomme debout, la main dans son gilet.

Au second plan, un homme jouant de la flûte et une jeune fille à sa gauche.

Très beau dessin.

Sanguine et pierre d'Italie.

Provenant des collections du comte de la Béraudière et Lion.

Haut., 32 cent.; larg., 25 cent.

PORTAIL

34 -- *La Conversation.*

Deux jeunes femmes assises dans un intérieur et causant.

Sanguine et mine de plomb.

Haut., 24 cent.; larg., 19 cent.

QUÉVERDO

35 — *Les Accords du mariage.*

Dans un salon du temps de Louis XV, cinq personnages causent auprès d'une fenêtre.

Aquarelle signée et datée 1771.

Haut., 23 cent.; larg., 18 cent.

ROWLANDSON

36 — *Le Chevalier d'Eon faisant une passe avec le sergent Léger, soldat des Gardes.*

Importante aquarelle provenant des collections du comte de la Béraudière et Lion.

Haut., 35 cent.; larg., 51 cent

SAINT-AUBIN

(GABRIEL DE)

37 — *Composition allégorique sur l'inaugura-
tion de la statue de Louis XV.*

La statue, sur son piédestal, est placée au centre;
des amours voltigent dans des nuages, enlevant le
voile qui la cachait.

Sur les côtés, de grands piédestaux sur lesquels
se trouvent des génies montés sur des chevaux
ailés.

Devant, des déesses ou des figures allégoriques,
mettant aux pieds du roy les cartes de ses Etats.

Dans le fond, un char et différents personnages
dansant dans des bosquets.

Ce précieux dessin a été fait par Saint-Aubin sur
un trait gravé ou une épreuve à l'eau-forte légèrement indiquée.

Il provient de la collection Destailleurs, porté au
n° 1234 de ce catalogue qui dit ceci :

« Cette pièce peut être considérée comme un véri-
table et superbe dessin, d'autant plus précieux que
les inscriptions, dont les piédestaux des chevaux de
Marly sont couverts, lesquelles sont complètement
illisibles dans les épreuves suivantes, nous donnent
l'explication de Saint-Aubin sur cette allégorie.

« On lit sur le piédestal de gauche « Gabriel de

Saint-Aubin delin. » Le génie tutélaire applaudit à la paix universelle précédée par la reconnaissance qui lui présente le cœur de tous les citoyens. La Bonté, la Clémence, la Sagesse et la Piété du Roy sont représentées dans les superbes tapisseries qui doivent décorer ce spectacle brillant. »

Cette description allégorique se continue dans le même style sur le piédestal de droite.

Haut., 31 cent.; larg., 23 cent.

SAINT-AUBIN

(GABRIEL DE)

38 — *Le Marché aux fleurs du quai de la Mégisserie.*

Trois soldats causent paisiblement sur la droite, pendant que deux marchandes se jettent l'une sur l'autre, se donnant des coups ; leurs voisins cherchent à les séparer.

A gauche, une dame marchandant un pot de fleurs ; près d'elle, une femme et des enfants.

Dans le fond, un pont et une église.

Très beau dessin à la sanguine, signé et daté 1775.

Haut., 21 cent.; larg., 36 cent.

SAINT-AUBIN

(G. DE)

39 — *Vue de la place Louis XV.*

La statue équestre du roy que l'on met en place est dans une gloire et entourée de figures allégoriques.

Aquarelle gouachée.

Haut., 12 cent.; larg., 18 cent.

SAINT-AUBIN

(G. DE)

40 — *Intérieur de parc.*

Au premier plan, plusieurs personnages causent ou se reposent auprès d'un groupe de marbre représentant des tritons et des néréides.

Dessin à la plume avec lavis d'aquarelle.

Haut., 10 cent.; larg., 18 cent.

SAINT-AUBIN

(AUGUSTE DE)

41 — *La Promenade sur les remparts.*

Au centre, un gentilhomme donne le bras à deux

jeunes filles, près d'eux un abbé cause avec une jeune femme portant une robe à panier.

Sur la droite, deux seigneurs et un marchand de coco.

A gauche, une paysanne vend des fruits à un petit garçon, une vielleuse joue de son instrument devant un groupe de quatre personnages, jeunes femmes et gentilshommes.

Dans le fond, on aperçoit une multitude de personnages se promenant ou causant.

A droite, de nombreuses voitures.

Très beau dessin, à la sépia, gravé par Courtois.

On lit sur la gravure les vers suivants :

Que j'aime à contempler sur ces remparts charmants
Le caprice du jour et les hommes du temps,
J'y vois, au fond d'un char, la stupide opulence
A peine d'un regard honorer l'indigence.
J'y vois le financier trancher du monseigneur,
La coquette aux yeux faux, la prude au ris moqueur.

Haut., 23 cent.; larg., 37 cent.

SLODTZ

(Attribué à M. A.)

42 — *Le Bal du May.*

Gracieuse composition animée par une multitude de personnages.

Aquarelle.

Haut., 24 cent.; larg., 39 cent.

WATTEAU

(ANTOINE)

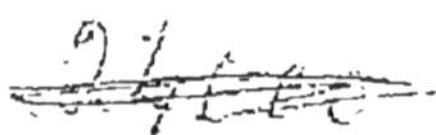 43 — *Huit têtes.*

> Dont cinq de jeunes femmes, les cheveux relevés serrés par un ruban, et trois de jeunes garçons.
>
> Superbe dessin, d'une fraîcheur admirable et du faire le plus spirituel du maître.
>
> Sanguine et crayon noir.
>
> Nous ne croyons pas qu'il existe plus beau.

Haut., 23 cent.; larg., 35 cent.

WATTEAU

(ANTOINE)

44 — *Trois têtes de jeunes femmes.*

> Coiffées de chapeau de paille et collerettes autour du cou.
>
> Très beau dessin.
>
> Sanguine et pierre d'Italie.
>
> Parfaite conservation.

Haut., 23 cent.; larg., 31 cent.

WATTEAU
(ANTOINE).

45 — *Trois jeunes femmes.*

L'une est assise au centre, vue de profil, et pinçant de la guitare; l'autre, assise sur la gauche, feuillette une partition qu'elle tient sur ses genoux; la troisième, à droite, est également assise, vue à mi-corps, la tête de trois quarts regardant vers la gauche.

Très beau dessin aux trois crayons.

Haut., 25 cent.; larg., 37 cent.

WATTEAU
(ANTOINE)

46 — *Jeune Femme assise tenant un éventail.*

A droite, une femme debout vue de dos ; à gauche, une autre femme debout vue de face.

La figure de femme assise qui est au centre est à la sanguine et au crayon noir légèrement rehaussé de blanc. C'est une étude pour le tableau de l'Embarquement pour Cythère qui est au Musée du Louvre.

Les figures de côtés sont à la sanguine.

Superbe dessin, sur papier gris.

Ventes Auguste, 1850, et baron Schwiter, 1883.

Haut , 26 cent.; larg., 32 cent.

WATTEAU

(ANTOINE)

47 — *Deux Femmes.*

L'une, assise, mettant ses bas ; l'autre, debout, levant les bras pour saisir un objet.

Très beau dessin aux trois crayons.

Haut., 26 cent.; larg., 21 cent.

WATTEAU

(ANTOINE)

48 — *Trois personnages debout.*

Deux sont vus en pied, l'un, appuyé sur le bras droit ; le troisième, vu jusqu'aux genoux, la main gauche sur la hanche, prend sa toque, faisant un geste pour saluer. A droite, trois études de mains.

Superbe et spirituel dessin, d'une exécution ferme, à la sanguine, rehaussé de blanc.

Vente baron Schwiter, 1883.

Haut., 26 cent.; larg., 39 cent.

WATTEAU

(ANTOINE)

49 — *Jeune Femme endormie*.

Elle est étendue sur une chaise longue, en partie
couverte d'un vêtement blanc, la tête appuyée sur le
bras gauche.

Charmant dessin.

Sanguine et crayon noir.

Collection du baron Schwiter.

Haut., 16 cent.; larg., 21 cent.

ÉCOLE FRANÇAISE

**50 — *Nymphes dansant autour d'une statue de
Priape*.**

Aquarelle gouachée.

Haut., 32 cent.; larg., 23 cent.

ÉCOLE FRANÇAISE

**X 51 — *Six personnages riant et causant dans un
intérieur*.**

Gouache dans le genre de Quéverdo.

Haut., 26 cent.; larg., 20 cent.

ÉCOLE FRANÇAISE

52 — *Jeune Femme endormie.*

Peinture sur bois, genre de Schal.

Haut., 12 cent.; larg., 18 cent.

ESTAMPES

BAUDOUIN

(D'après P. A.)

53 — *Le Désir amoureux*, par D. Mixelle, en couleur. (E. B. 19.)

Superbe épreuve avant toutes lettres et avant que les têtes des deux amants que l'on aperçoit, à droite, par une éclaircie, aient été remplacées par deux colombes. Très rare. Marge.

DEBUCOURT
(P. L.)

54 — *La Fille enlevée.*

Pièce de forme ovale en largeur; au-dessous, on lit: Peint et gravé par De Bucourt, peintre du roi, 1785.

Superbe épreuve en couleur, extrêmement rare.

DESRAIS
(D'après C. L.)

55 — *Le Bijou de la reine.*

Petit almanach de poche. La première feuille contient un sonnet au Roi et à la Reine, au haut duquel sont leurs deux portraits soutenus par la France. Les autres feuilles contiennent la table de chaque mois et, en haut, les portraits du Roi, de la Reine Marie-Antoinette, Monsieur, Madame, M. le comte d'Artois, Mme la comtesse d'Artois, Louis XV, Mme la princesse de Piémont, Mme Elisabeth, M. le duc de Chartres, l'empereur d'Autriche et Henri IV. Au dos de chaque feuille, des vers au Roi et à la Reine et sonnets aux personnages indiqués. Petit volume oblong, reliure en maroquin rouge, avec portraits de Louis XVI et de Marie-Antoinette sur les plats, renfermé dans un étui aux armes royales.

De la plus grande rareté. La première feuille porte seule les noms d'auteurs : Desrais et Voysard.

FREUDEBERG

(D'après S.)

56 — *La Leçon de clavecin.*

La Leçon de guitare.

Deux charmantes compositions en couleur, des plus intéressantes comme costumes et intérieurs, faisant pendants.

Très belles épreuves, extrêmement rares.

JANINET

(F.)

57 — *Nina,* d'après Hoin.

Portrait de Mme Dugazon, dans le rôle de *Nina ou la Folle par amour.*

Magnifique épreuve avant toutes lettres, en couleur. Elle est de la plus grande fraîcheur et a toute sa marge non ébarbée. Extrêmement rare en cet état.

58 — *Sommeil de Vénus.*

Réveil de Vénus.

Deux pièces en couleur, d'après Charlier. Superbes épreuves avant la lettre.

LAVREINCE

(D'après N.)

59 — *Ah! laisse-moi donc voir*, par Janinet, en couleur. (E. B. 2.)

Magnifique épreuve avant toutes lettres. Elle est de la plus grande fraîcheur et a toute sa marge. De la plus grande rareté dans cet état et dans cette condition.

LAVREINCE

(D'après A.)

60 — *L'Élève discret.*

Pauvre Minet, que ne suis-je à ta place ?

Deux pièces faisant pendants, gravées en couleur, par Janinet (E. B. 23 et 47).

Magnifiques et très rares épreuves de la plus grande fraîcheur, avec toutes leurs marges.

61 — *Ah ! le joli petit chien.*

Le Petit Conseil.

Deux pièces faisant pendants, gravées en couleur, par Janinet (E. B. 27 et 48).

Magnifiques épreuves. Elles sont de la plus grande fraîcheur et ont toutes leurs marges non ébarbées. Très rares de cette qualité.

LAVREINCE

(D'après A.)

*62 — *Jamais d'accord.*

Le Serin chéri.

Deux pièces faisant pendants, gravées en couleur par Dnargle (Legrand) (E. B. 32 et 59). Superbes épreuves, avec marges. Rares.

63 — *Le Joli petit serin,* par Mixelle, en couleur.

Superbe épreuve d'une pièce non décrite. Très rare.

64 — *Les Petits Favoris.* Pièce appelée par M. Bocher : *le Joli Chien.* (App. 4.)

Magnifique épreuve en couleur, avant la retouche, avant toutes lettres et avant qu'un second petit chien ait été ajouté au premier. Elle est très fraîche et a une grande marge. Extrêmement rare dans cet état et dans cette condition.

MIXELLE

65 — *Le Matin.*

Le Roman.

Deux pièces, faisant pendants, gravées en couleur d'après Garneret.
Superbes épreuves du premier état, avant que le jupon ait été allongé. Très rares.

MOREAU

(D'après J. M.)

66 — *L'Ambigu.*

Gravé en couleur, en agrandissement de la composition de Moreau, des chansons de La Borde, intitulée l'*Ingénue*.
Superbe épreuve très rare.

QUEVERDO

(D'après F. M.)

67 — Moitié de calendrier décoré dans le haut de six charmantes vignettes relatives au mariage de Louis XVI et de Marie-Antoinette.

Superbe épreuve avant toutes lettres, le calendrier en blanc. Très rare.

REGNAULT

(N. F.)

68 — *Le Lever.*

Magnifique épreuve avant toutes lettres. L'empreinte de la planche est couverte d'essais de pointe et de salissures de burin. Très rare de cette qualité, grande marge.

69 — *Le Bain,* d'après Baudouin. (E. B. 10.)

Superbe épreuve en couleur, grande marge.

SAINT-AUBIN

(D'après AUG. DE)

70 — *Tableau des portraits à la mode.*

Promenade des remparts de Paris.

Deux pièces faisant pendants, gravées par P.-F. Courtois (E. B. 378 et 382).

Superbes épreuves avec toutes leurs marges. Très rares en aussi belle condition.

SAINT-AUBIN

(G. DE)

— *Spectacle des Tuileries.* Première et seconde vues. (P. de B., 13 et 14.)

Très précieuses épreuves retouchées à la plume

par le maître, seize ans après leur apparition, ainsi que le constate une annotation de sa main, écrite à l'encre sur la première pièce à la suite de son nom.

L'épreuve de la première vue est du premier état décrit.

Celle de la seconde est d'un tout premier état non décrit; elle est avant l'inscription : Novembre 1760, tracée dans l'estampe au-dessous de la grande roue du tonneau d'arrosage et avec les mots : année des fruits, à la suite du nom de Saint-Aubin, lesquels ont été effacés dans l'état suivant. Elles sont toutes les deux avant de nombreuses retouches à la pointe sèche; de plus, elles ont été agrandies, l'une à gauche et l'autre à droite, d'environ 30 cent., et dans chacun de ces rajoutés, Saint-Aubin a dessiné une nouvelle allée, vue en profondeur et animée de nombreux personnages.

(Collection Destailleur.)

72 — *Le Charlatan.* (P. de B. 15.)

Superbe épreuve du premier état, avant de nombreux travaux. Collections R. Dumesnil et Destailleur.

73 — *Vue de la foire de Beson.* (P. de B. 17.)

Superbe épreuve. Collections R. Dumesnil Destailleur.

SAINT-AUBIN

(G. DE)

— *La Fête d'Auteuil.* (P. de B. 18.)

Superbe épreuve avec marge. Collection Destailleur.

— *Vue du Salon du Louvre en l'année 1753.* (P. de B. 19.)

Superbe épreuve du premier état, avec la date de 1753 et avant que le titre soit précédé du mot exact. Collection Destailleur.

76 — *Conférence de l'ordre des avocats.* (P. de B. 21.)

Superbe épreuve du premier état, à l'eau-forte pure.

SMITH

(J.)

77 — *Yarborough (M*rss*),* d'après G. Kneller.

In-folio en manière noire.
Très belle épreuve.

OBJETS D'ART

ET

D'AMEUBLEMENT

FAIENCES DE ROUEN

78 — Grand plateau rectangulaire en ancienne faïence de Rouen : il est orné d'un groupe de neuf enfants musiciens et dansant, émaillés bleu dans une réserve en ocre jaune, à décor de rinceaux noirs, encadrée de volutes et coquilles bleu et rouille ; le reste de la surface du fond est couvert de quadrillés rouille avec large galon de fleurs bleu et rouille, en bordure ; le bord présente des rinceaux noirs sur champ d'ocre rouge.

Long., 65 cent.; larg., 50 cent.

79 — Grand plat rond en ancienne faïence de Rouen, à décor bleu et rouille : au centre, corbeille de fleurs sur un motif de ferronnerie ; au marli, lambrequin dont les extrémités retombent sur la chute. Marque : S.

Diam., 50 cent.

80 — Bannette octogone à deux anses en ancienne
faïence de Rouen, à décor bleu et rouille; au
fond, corbeille de fleurs sur un motif de ferronnerie; au marli, lambrequin de feuilles et quadrillés.

Long., 32 cent.; larg., 21 cent.

81 — Assiette en ancienne faïence de Rouen, à décor
bleu et rouille : au centre, personnage chinois
tenant un éventail et des fleurs; un lambrequin
à feuilles et quadrillés orne la chute et le marli.

Diam., 235 millim.

82 — Bannette ronde à bords festonnés et à deux
anses, en ancienne faïence de Rouen, à décor
polychrome; au centre, corbeille de fleurs; à la
chute, lambrequin de quadrillés, coquilles et
guirlandes de fruits.

Diam., 32 cent.

83 — Bannette ronde à bords festonnés, à deux
anses et sur trois petits pieds en ancienne
faïence de Rouen, à décor polychome; au fond,
haie fleurie, oiseaux et animal chimérique de
style japonais; à la chute, lambrequin quadrillé
vert.

Diam., 31 cent.

84 — Bannette oblongue à bords contournés et à
deux anses, en ancienne faïence de Rouen, à
décor polychrome ; au fond, carquois, torche en-
flammée, couple de colombes et motifs rocaille ;
bordure de lambrequin quadrillé vert.

Long., 43 cent.; larg., 27 cent.

85 — Assiette à bords festonnés en ancienne faïence
de Rouen, à décor polychrome ; au centre, corbeille de fleurs ; au marli, lambrequin quadrillé
et guirlandes de feuillages.

Diam., 24 cent.

86 — Assiette en ancienne faïence de Rouen, à
décor polychrome ; au centre, corbeille de fleurs ;
marli analogue à celui de l'assiette précédente.

Diam., 23 cent.

87 — Assiette en ancienne faïence de Rouen, à
décor polychrome ; au fond, haie fleurie ; au
marli, quatre réserves de fleurs séparées par des
quadrillés. Marque S. 3.

Diam., 235 millim.

88 — Assiette analogue à la précédente et de même
faïence. Celle-ci ne porte pas de marque.

Diam., 24 cent.

89 — Fontaine couverte en ancienne faïence de Rouen, à décor bleu de lambrequins; anses têtes de femmes; robinet orné d'un dauphin.

Haut., 63 cent.; larg., 34 cent.

90 — Grand plat rond en ancienne faïence de Rouen, à décor bleu; au fond, double écu d'alliance timbré d'une couronne de marquis et placé au milieu d'un galon de fleurs et rinceaux; au marli, lambrequin étroit.

Diam., 55 cent.

91 — Grand plat rond en ancienne faïence de Rouen à décor bleu; au fond, motif rayonnant de feuillages; au marli, lambrequin étroit.

Diam., 48 cent.

92 — Grand plat rond en ancienne faïence de Rouen, à décor bleu; au fond, motif rayonnant avec fleurettes au centre; au marli, lambrequin.

Diam., 56 cent.

93 — Grand plat rond en ancienne faïence de Rouen à décor bleu : au centre, un motif étoilé avec rosace intérieure; au marli, lambrequin dont les pendentifs ornent la chute.

Diam., 48 cent.

94 — Grand plat rond en ancienne faïence de Rouen
à décor bleu : au fond, un motif rayonnant orné
de groupes de paons affrontés ; au marli, un
lambrequin. Marque de Guillibaud (?).

Diam., 55 cent.

95 — Grand plat rond en ancienne faïence de Rouen,
décor bleu : au centre, double écu d'alliance
timbré d'une couronne comtale ; le reste de la
surface de la pièce présente un large lambrequin
composé de rinceaux, palmettes et feuillages.

Diam., 56 cent.

96 — Bannette oblongue à pans coupés et deux anses
en ancienne faïence de Rouen, décor bleu : au
centre, écusson armorié timbré d'une couronne
de comte avec crosse ; lambrequin sur la chute.

Long., 45 cent.; larg., 31 cent.

97 — Assiette en ancienne faïence de Rouen à décor
bleu : au centre, écusson aux armes des Poterat ;
au marli, lambrequin et guirlandes de fleurs.

Diam., 235 millim.

98 — Assiette en ancienne faïence de Rouen à décor
bleu ; au fond, les armes des Montmorency-
Luxembourg ; bordure de feuillages.

Diam., 235 millim.

99 — Assiette en ancienne faïence de Rouen à décor
bleu : au fond, double écu d'alliance, timbré
d'une couronne de marquis ; au marli, lambrequin fleuri.

Diam., 23 cent.

100 — Assiette en ancienne faïence de Rouen à décor bleu : au fond, double écu d'alliance timbré
d'une couronne de comte avec deux ours pour
supports ; au marli, lambrequin et guirlande de
fleurs.

Diam., 23 cent.

PORCELAINES

101 — Œuf en ancienne porcelaine tendre de Sèvres
à décor de guirlandes de fleurs ; il forme flacon
à parfums et est monté en or.

Haut., 6 cent. Grand diamètre, 4 cent.

102 — Pot à pommade couvert en ancienne porcelaine tendre de Sèvres à décor d'attributs de
jardinage et pois d'or, par *Viellard*. Année 1737.

Haut., 70 millim.; diam., 55 millim.

103 — Pot à pommade, couvert en ancienne porcelaine tendre de Sèvres à décor de fleurs.

Haut., 70 millim.; diam., 55 millim.

104 — Navette oblongue en ancienne porcelaine de Sèvres, pâte tendre, à double médaillon : amour sur des nuages, dans le goût de Boucher. Les bords, bleu turquoise, sont rehaussés d'ornements et de vases de fleurs dorés, formant encadrement aux médaillons. Époque Louis XV. Étui en galuchat.

Long., 14 cent.

105 — Bonbonnière en ancienne porcelaine de Chelsea en forme de tête de femme, la face à moitié masquée par un loup noir ; couvercle en agate rubanée monté à charnière en or avec les mots : *Leurs atteinte est mortelle*, réservés en or, sur fond d'émail blanc, sur la bordure.

Haut., 55 millim.; larg., 50 millim.

106 — Petite boîte en ancienne porcelaine de Chelsea, ornée de trois enfants avec la légende : *Pour mon amour*. Le couvercle, en agate herborisée, est monté en or à charnière.

Haut., 55 millim.; larg., 60 millim.

107 — Deux brûle-parfums de forme lenticulaire en ancienne porcelaine de Chine, décorés de personnages et feuillages, et supportés par trois figurines de personnages couchés, de même por-

celaine ; monture européenne du XVIIIe siècle en bronze.

Haut., 122 millim.; larg., 110 millim.

ÉVENTAILS

108 — Éventail du temps de Louis XV à monture de nacre ajourée, peinte et dorée à personnages mythologiques, fleurs et entrelacs ; la feuille présente Vénus visitant Vulcain ; revers orné d'amours.

109 — Éventail du temps de Louis XV à monture de nacre ajourée et partiellement dorée, à décor de personnages orientaux ; la feuille offre un épisode de l'histoire d'Esther ; revers orné d'une bacchanale.

110 — Éventail du temps de Louis XVI à monture de nacre ajourée, partiellement dorée et enrichie de stras à décor de bustes, d'oiseaux et de guirlandes ; la feuille offre une fillette et un adolescent nus à mi-corps dans des réserves simulant des cadres, deux groupes d'amours et des trophées d'attributs de l'Amour.

OBJETS DE VITRINE

111 — Flacon de poche du temps de Louis XV, en or repoussé, à ornements rocaille et enrichi de fleurs, d'un chien et d'un oiseau en émail en relief et décorés en couleurs. Le bouchon est surmonté d'un oiseau en or émaillé.

Haut., 55 cent.; larg., 27 cent.

112 — Bonbonnière ronde en poudre d'écaille blanche doublée d'écaille et cerclée d'or ; le couvercle est orné d'un médaillon circulaire en ancienne porcelaine tendre de Sèvres, 1787, présentant une offrande à l'Amour, décor par Dodin. Ce médaillon, entouré de demi-perles, est mobile au moyen d'une charnière et découvre en se relevant un double fond offrant un petit portrait de femme. Époque Louis XVI.

Diam., 6 cent.

113 — Petit nécessaire en forme de cassette du temps de Louis XV en nacre ; monture en or à motifs rocaille et oiseaux ; il contient deux flacons à bouchons d'or émaillé, un miroir en or, une petite cuillère en or et une petite pince.

Haut., 5 cent; long., 6 cent.; larg., 4 cent.

114 — Étui-nécessaire du temps de Louis XV de forme ovale, en galuchat, couvert d'ornements rocaille, de branches fleuries et d'oiseaux en or repoussé et repercé à jour. Ses ustensiles sont garnis en or et son couteau a un manche en écaille piquée d'or.

Haut., 105 millim.; larg., 480 millim.

115 — Paire de ciseaux du xviiie siècle en or de deux tons, décor de cordelettes. Poinçons de 1713-1714, Florent Sollier, sous-fermier.

Long., 10 cent.

116 — Dé du temps de Louis XVI en or ciselé, à double couronne de roses et de feuillages ciselés en relief.

Long., 3 cent.

117 — Dé du temps de Louis XVI en or ciselé, à corbeilles de fleurs, couronnes de feuillages et petites rosaces repercées à jour sur un fond uni rapporté. Il est placé dans un étui en argent.

Long. du dé, 2 cent.

118 — Dé en ancienne porcelaine de Sèvres, pâte tendre, décoré de roses. Époque Louis XVI.

Long., 2 cent.

119 — Bague d'or dont le chaton ovale est orné d'une miniature attribuée à Van Blarenberghe, qui représente une fête villageoise.

120 — Bague analogue à celle qui précède. La miniature de celle-ci, également attribuée à Van Blarenberghe, représente la cueillette des cerises, sujet qui se compose de sept personnages et d'animaux.

121 — Navette oblongue formée de deux plaques d'ancien laque du Japon, à paysages en relief exécutés en dorure sur fond noir. Ces deux plaques sont doublées de nacre de perle et elles sont reliées et bordées d'une monture en or uni. Époque Louis XV.

Long., 138 millim.

122 — Petit groupe en ivoire : deux enfants se querellant ; socle en argent doré, orné de médaillons émaillés à décor de style chinois. XVIIe siècle.

Haut., 10 cent.; larg., 6 cent.

123 — Petit groupe en buis sculpté : enfant porté par une chimère à tête de femme. XVIIIe siècle.

Haut., 10 cent.; larg., 5 cent.

OBJETS VARIÉS

124 — Deux groupes en terre cuite, par *Clodion* : deux enfants tritons soutiennent un cartouche ovale présentant en bas-relief, dans l'un des groupes, une tête d'Amphitrite de profil, dans l'autre, un buste de Neptune. L'un est signé. Socle en marbre bleu turquin garni de bronzes.

> Hauteur du groupe, 22 cent. Totale, 33 cent.
> Largeur du groupe, 49 cent. De la base, 55 cent.

125 — Dix-huit pièces de monnaies d'or aux effigies de Louis XV et de Louis XVI.

126 — Trente-sept pièces de monnaies d'argent aux effigies de Louis XV et de Louis XVI.

127 — Écritoire à trois récipients, en ancien laque du Japon, à décor de feuillages en relief laqués or et couleur sur fond vert ; une figurine de personnage, également laquée, est placée entre deux branches porte-lumières en bronze ciselé, gravé et doré, du temps de Louis XV.

> Long., 27 cent.

128 — Portefeuille en maroquin fauve, doré aux

petits fers, aux armes de Mme de Pompadour, avec encadrements de rinceaux fleuris. XVIIIe siècle.

Long., 38 cent.; larg., 25 cent.

129 — Aumônière en velours vert à décor de fleurs de lis lamées argent doré et aux armes de la ville de Paris. XVIIIe siècle.

130 — Aumônière en velours vert lamé argent doré aux armes de Marie Leczinska. XVIIIe siècle.

131 — Aumônière en velours rouge lamé argent doré aux armes de Marie-Josèphe de Saxe. XVIIIe siècle.

132 — Deux pièces : bonnet et sachet en coton brodé de soies de couleur au passé à fleurs et oiseaux.

133 — Deux portières avec deux lambrequins en ancien satin blanc de Chine brodé au passé à fleurs et animaux.

Haut., 3 m. 50 cent.
Largeur de chacune, 1 m. 50 cent.

BRONZES

134 — Deux girandoles à deux lumières, du temps
de Louis XV, en bronze ciselé et doré, à décor
de motifs rocaille avec cannelures et coquilles à
la base ; les branches porte-lumières, de forme
contournée, sont composées de feuillages.

Haut., 37 cent.

135 — Deux petits flambeaux du temps de Louis XV,
en bronze ciselé et doré, ornés de feuillages, de
fruits, de guirlandes et de cannelures.

Haut., 15 cent.

136 — Deux flambeaux balustres du temps de Louis
XV, en bronze ciselé et doré : la tige présente
des cordons de piastres disposés en spirale et alternant avec des moulures obliques ; la base contournée offre des cannelures et des motifs rocaille. Poinçon C couronné.

Haut., 26 cent.

137 — Deux flambeaux-balustres du temps de
Louis XV, en bronze ciselé et doré, à décor de
motifs rocaille avec cannelures et coquilles à la
base. Poinçon C couronné.

Haut , 25 cent.

138 — Deux flambeaux-balustres du temps de
Louis XV, en bronze ciselé et doré, à tige
ornée de moulures obliques séparant des cartouches rocaille ; la base est décorée de cannelures en spirale ; l'un d'eux porte sous la base
un écusson armorié gravé.

Haut., 24 cent.

139 — Deux chenets du temps de Louis XV, en
bronze ciselé et doré, présentant, l'un une sta-
tuette de Vénus, l'autre d'Apollon, assis sur
une base contournée à cannelures, moulures et
feuillages rocaille.

Haut., 37 cent.; larg., 32 cent.

140 — Deux chenets en bronze du temps de
Louis XV, ornés de statuettes d'enfants se
chauffant et assis sur une base à motifs rocaille.

Haut , 33 cent.; larg., 28 cent.

141 — Deux candélabres à trois lumières en bronze
doré et bronze patiné de la fin du règne de
Louis XV ; les branches porte-lumières simulant
des feuillages sont soutenues par deux statuettes
d'enfants dont l'un souffle dans une conque ;
base carrée à cannelures et feuillages.

Haut., 45 cent.; larg., 31 cent.

142 — Pendule du temps de Louis XV, en bronze doré et bronze patiné ; modèle connu sous le nom de l'Enlèvement d'Europe qui, assise au-dessus du cadran, une longue guirlande de fleurs à la main, semble portée par le taureau soutenant le mouvement ; deux statuettes de nymphes placées sur la base tiennent les extrémités de la guirlande. Cadran au nom de *Hilgers*, à *Paris*.

Haut., 53 cent.; larg., 45 cent.

143 — Baromètre à mercure ; le cadre du temps de Louis XV est en bronze doré à moulures avec feuillages aux deux extrémités.

Haut., 1 m. 09 cent.

144 — Thermomètre à alcool ; le cadre du temps de Louis XV est analogue à celui du baromètre précédent et peut lui faire pendant.

Haut., 1 m. 09 cent.

145 — Bouton de meuble de forme circulaire en bronze ciselé et doré. Il offre à son centre les lettres D. B. enlacées entourées d'une couronne de feuillages, le tout repercé à jour et entouré d'une moulure à ruban enroulé. Le chiffre passe pour être celui de Mme Du Barry. Travail du temps.

Diam., 4 cent.

146 — Bouton analogue à celui qui précède. Celui-ci a un fond bleui et le chiffre D. B. est placé dans une couronne de fleurs. Le bord est formé d'un rang de perles.

Diam., 4 cent.

Ces deux boutons proviennent de la Collection de M. le comte de la Béraudière.

147 — Deux bras-appliques à deux lumières en bronze ciselé et doré du temps de Louis XVI ; les branches porte-lumières simulent des cornes d'abondance, et la gaîne d'où elles naissent, ornée de feuilles, d'ailes et de deux serpents enroulés, est suspendue à un nœud de rubans.

Haut., 55 cent.; larg., 28 cent.

148 — Deux bras-appliques, reproductions modernes des précédents.

Haut., 55 cent.; larg , 28 cent.

149 — Groupe en bronze patiné du XVIIe siècle : Hercule terrassant Antée. Base en marbre vert de mer.

Hauteur totale, 51 cent.

150 — Deux statuettes d'enfants en bronze à patine brune du XVIIIe siècle, l'un demi-nu, une draperie flottant sur les épaules, une couronne sur la

tête ; l'autre, coiffé d'un casque, assis sur un trophée d'armes ; socle en bronze doré à guir-landes et pieds cannelés.

Haut., 26 cent.; larg., 14 cent.

MEUBLES

151 — Meuble de salon en bois sculpté et doré, couvert d'anciennes tapisseries de Beauvais à sujets militaires et fleurs, d'après Casanova : les dossiers présentent des cavaliers, des fantassins, des porte-étendards, des mules portant des bagages, des chevaux attelés à des voitures chargées d'armes ; les uns traversant une rivière à gué, d'autres cheminant sur une route, d'autres au repos ; les sièges sont décorés de paysages et de grosses gerbes de fleurs des nuances les plus variées. Il se compose de deux canapés et de six fauteuils.

Longueur des canapés, 1 m. 85 cent.

(Collection Seillière.)

152 — Grande table-bureau du temps de la Régence, en bois de placage à cinq tiroirs ; elle est garnie de chutes à gros mascarons, dont deux masquent des tiroirs, de feuillages et de quadrillés, de

têtes de satyres, de culs-de-lampe feuillagés,
d'entrées de serrures, de poignées, d'encadrements et de sabots, griffes de lions en bronze
ciselé et doré ; le dessus de basane noire est
bordé d'un quart de rond en cuivre.

Haut., 80 cent.; long., 2 mètres; largeur, 88 cent.

153 — Commode de forme contournée à deux tiroirs
du temps de Louis XV, en laque or et couleur
à reliefs sur fond noir avec applications de bur-
gau à décor de personnages, habitations et arbres
en fleurs ; elle est garnie de chutes, d'encadrements, de poignées simulant des feuillages et de
sabots en bronze ciselé et doré : dessus de marbre
brèche d'Alep. Elle porte la marque : B V R B.

Haut., 89 cent.; long., 1 m. 58 cent.; prof., 67 cent.

154 — Secrétaire à dos d'âne du temps de Louis XV,
en bois laqué noir et or à reliefs, décor de paysages montagneux avec habitations ; il est orné
d'encadrements et entrée de serrure à motifs
rocaille en bronze ciselé et doré ; l'intérieur laqué
rouge contient cinq tiroirs.

Haut., 90 cent.; larg., 82 cent., prof., 45 cent.

155 — Régulateur du temps de Louis XV, en marqueterie de bois de couleur à décor de gerbes

de fleurs enrubannées ; il est garni d'encadrements à fleurs, feuilles, rubans et motifs rocaille en bronze ciselé et doré ; le cadran qui indique les secondes, les mois et les quantièmes est signé : *Filon à Paris.*

Haut., 2 m. 20 cent.

156 — Petit secrétaire de forme contournée du temps de Louis XV en marqueterie de bois de couleur à damier et entrelacs avec bordures, chutes et sabots en bronze ciselé et doré ; le corps supérieur mobile peut, au moyen d'un ressort, être poussé dans l'intérieur du meuble et, ainsi relié à l'abattant, former table ; il contient plusieurs tiroirs.

Haut., 85 cent.; long., 65 cent.; larg., 46 cent.

157 — Secrétaire droit à abattant, portes et tiroirs intérieurs, du temps de Louis XV, en marqueterie de bois de couleur à vases de fleurs, branches fleuries, oiseau et quadrillés, garni de chutes, encadrements, écoinçons, entrées de serrures, culs-de-lampe et sabots à motifs rocaille en bronze ciselé et doré ; dessus de marbre.

Haut., 1 m. 20 cent.; larg., 1 m. 05 cent.; prof., 40 cent.

158-159 — Deux encoignures à hauteur d'appui du

temps de Louis XV, en marqueterie de bois de couleur à décor de branches fleuries avec encadrements de bois satiné ; elles sont garnies de chutes, d'encadrements et de sabots à motifs rocaille en bronze ciselé et doré, et ferment à deux portes ; dessus de marbre. Elles sont signées : *I. P. Latz* et *L. Boudin.*

Haut., 95 cent.; larg., 85 cent.; prof., 65 cent

160 — Coffret de mariage de la fin du règne de Louis XV, en marqueterie de bois de couleur à quadrillés et rosaces ; le dessus forme boîte ; une porte à coulisse masque de nombreux tiroirs, et un pupitre mobile sépare le corps supérieur du corps inférieur qui contient également des tiroirs ; les pieds légèrement cambrés sont reliés par une tablette ; galerie, bordures, sabots et chutes à mascarons en bronze doré.

Haut., 97 cent.; long., 47 cent.; larg., 36 cent.

161 — Petite table-tricoteuse du temps de Louis XVI sur deux pieds reliés par un entrejambes, en marqueterie de bois de couleur à quadrillés et rosaces, ornée de seize médaillons émaillés par Coteau, décorés de rosaces de deux modèles alternant exécutés au moyen de points d'émail, et de filets et motifs dorés sur fond bleu ;

encadrements, bordures, guirlandes, galerie d'entrejambes en bronze ciselé et doré. Elle est marquée de la lettre R couronnée placée au-dessus d'une double palme.

Haut., 73 cent.; long., 55 cent.; larg., 34 cent.

162 — Petit écran en acajou et bois de rose avec tablette ; feuille mobile en satin rayé et broché à fleurettes. Époque Louis XVI.

Haut., 82 cent.; larg., 42 cent

163 — Chaise-longue en bois doré du temps de Louis XV, richement décorée de motifs rocaille, guirlandes de fleurs, baguettes enrubannées, feuilles d'acanthe et moulures finement sculptées; elle est couverte de satin crème broché à fleurs, avec coussins.

Long., 1 m. 80 cent

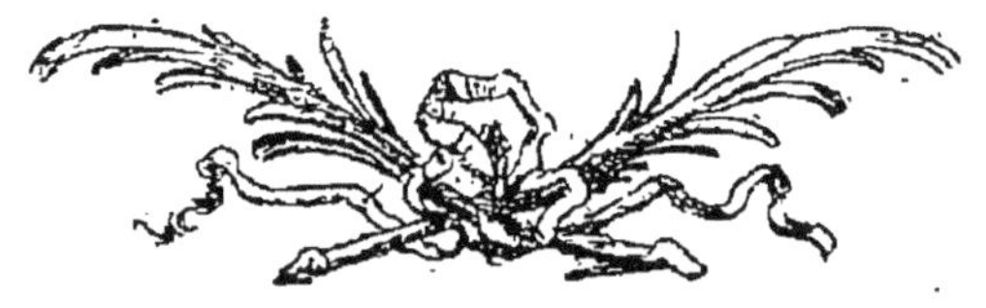

www.ingramcontent.com/pod-product-compliance
Lightning Source LLC
Chambersburg PA
CBHW051628060726
47597CB00004B/1483